글 이향안

세상이 아이들의 웃음소리처럼 해맑았으면 좋겠어요. 《별난반점 헬멧뚱과 X사건》으로 웅진주니어 문학상 장편 대상을 받았고, 《5시 고양이》《그 여름의 덤더디》《중독 가족》《앵무새 초록》《에리히 프롬 아저씨네 초콜릿 가게》《장준하 아저씨네 사진관》《왕가리 마타이 아줌마네 동굴 쉼터》 등의 동화를 썼어요. 《뒤로 뒤로 달리기》《마법 시장》《꼬마 이웃, 미루》 등의 그림책에도 글을 썼어요.

그림 이수진

한국적 그림과 옛이야기 그림책 작업에 힘쓰고 있어요. 《가시내》《재주 있는 처녀》《조마구》《꼭두랑 꽃상여랑》《춘향전》《박문수전》 등에 그림을 그렸어요. 그림 연극 《용궁의 검은 고양이》로 일본 고잔상을 받았어요.

관혼상제는 어떤 날일까요?

1판 1쇄 인쇄 | 2025. 5. 15.
1판 1쇄 발행 | 2025. 5. 29.

이향안 글 | 이수진 그림

발행처 김영사 | **발행인** 박강휘
편집 이은지 | **디자인** 윤소라 | **마케팅** 곽희은 김나현 | **홍보** 조은우 육소연
등록번호 제 406-2003-036호 | 등록일자 1979. 5. 17.
주소 경기도 파주시 문발로 197 (우10881)
전화 마케팅부 031-955-3100 편집부 031-955-3113~20 팩스 031-955-3111

ⓒ 2025 이향안, 이수진
이 책의 저작권은 저자에게 있습니다. 저자와 출판사의 허락 없이 내용의 일부를 인용하거나 발췌하는 것을 금합니다.

값은 표지에 있습니다.
ISBN 979-11-7332-224-2 77380

좋은 독자가 좋은 책을 만듭니다. 김영사는 독자 여러분의 의견에 항상 귀 기울이고 있습니다.
전자우편 book@gimmyoung.com | 홈페이지 www.gimmyoung.com

| 어린이제품 안전특별법에 의한 표시사항 | 제품명 도서 제조년월일 2025년 5월 29일
제조사명 김영사 주소 10881 경기도 파주시 문발로 197 전화번호 031-955-3100 제조국명 대한민국
사용 연령 5세 이상 ⚠주의 책 모서리에 찍히거나 책장에 베이지 않게 조심하세요.

관혼상제는 어떤 날일까요?

이향안 글 이수진 그림

주니어김영사

관례

전통 사회에서 치르던 남자들의 성인식이에요.
여자들의 성인식은 계례라고 해요.

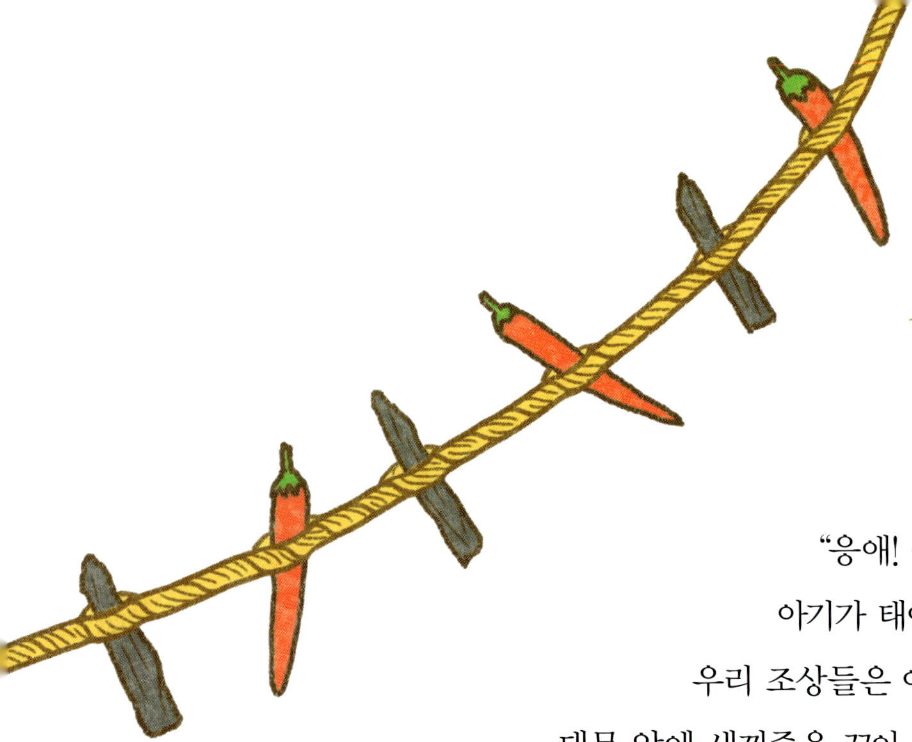

"응애! 응애!"
아기가 태어났어요.
우리 조상들은 아기가 태어나면
대문 앞에 새끼줄을 꼬아 만든 **금줄**을 내걸었어요.
아들이 태어나면 금줄에 고추와 숯을 끼우고
딸이 태어나면 솔가지와 숯을 끼웠지요.

금줄은 삼칠일(21일간) 동안 걸어 두었는데
이 기간에는 이웃 사람들이 함부로 그 집에 들어가지 않았어요.
산모나 아기에게 병이 옮는 것을 막기 위한 것이었지요.
아이의 건강을 위해 온 마을 사람이 조심했던 거예요.

아기의 첫 생일인 돌날에는 큰 잔치를 열어 주었어요.
건강하게 자란 것을 축하해 주는 잔치였지요.
돌날에는 아기에게 알록달록 화려한 옷을 입히고
푸짐한 **돌상**을 차려 주었어요.
돌상은 백설기·수수팥경단·대추·과일·쌀밥·국수 등으로 차려졌는데,
제각각 특별한 의미가 담겨 있어요.

쌀밥
평생 먹을 복을 가지라는 의미예요.

국수
국수 가락처럼 길게 오래 살라는 의미예요.

대추와 과일
열매를 맺듯이 많은 자손을 얻으라는 의미예요.

백설기
깨끗하고 순수한 정신을 지니라는 의미예요.

수수팥경단
귀신이 싫어하는 붉은색으로 나쁜 일을 피하라는 의미예요.

활과 화살
용감한 장군을 뜻해요.

타래실
오래오래 사는 것을 뜻해요.

실패
재주가 뛰어난 사람을 뜻해요.

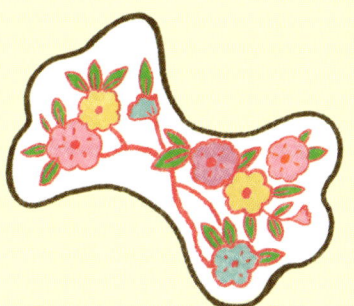

돌잔치에서 빼놓을 수 없는 것이 **돌잡이**예요.
돌잡이는 아기가 잡은 물건에 따라
아기의 장래를 예상해 보는 재미있는 행사지요.

돌잔치가 끝나면 이웃들에게 돌떡을 돌렸어요.
이웃들은 돌떡이 담겼던 그릇에
쌀·타래실·돈 등을 담아 보내며
아기가 건강하게 잘 살기를 빌어 주었지요.

복주머니
복이 많이 들어옴을 뜻해요.

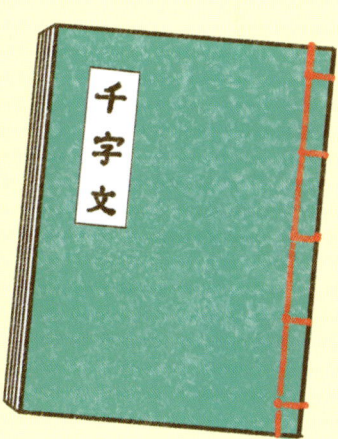

먹과 벼루
학문이 뛰어난 사람을 뜻해요.

돈
부자가 되는 것을 뜻해요.

책
지혜로운 학자를 뜻해요.

남자 아이가 자라면 15세에서 20세 사이에 **관례**를 치뤘어요.
관례는 조상과 이웃들에게 어른이 되었음을 알리는 의례예요.
관례의 중요한 절차는 지금껏 입었던 아이 옷을 벗고
어른 옷으로 갈아입는 거예요.
이때 **상투**를 틀고 **갓**도 쓰게 되지요.

관례를 올린 남자는 어른다운 새 이름도 갖게 돼요.
그리고 사당에 가서 조상에게 어른이 되었다고 알렸지요.
이렇게 관례를 치른 뒤에야 성인이 되었음을 인정받았어요.
그 때문에 아무리 나이가 많아도
관례를 치르지 않은 남자는 어른 대접을 받지 못했어요.

여자들의 성인식은 **계례**라고 해요.
계례에서 '계'는 한자로 비녀라는 뜻이에요.
관례에서 남자가 상투를 틀 듯
계례에서 여자는 머리를 올려 **비녀**를 꽂는 의식을 치뤘어요.
그리고 사당에 가서 성인이 되었음을 알렸지요.

여자는 보통 15세가 되거나
혼인을 정하면 계례를 올렸어요.
그런데 계례를 올린 뒤 혼례를 치르지 않으면
다시 머리를 땋아 댕기를 드리웠어요.

평민의 성인식은 양반과는 달랐어요.
평민 남자는 **들돌 들기**로 성인식을 했거든요.
옛날에는 농사를 짓기 위해 힘 센 남자가 필요했어요.
젊은 남자들은 마을 사람들이 보는 앞에서
큰 돌을 가슴까지 들어 올리며 힘자랑을 했지요.
들돌 들기를 성공하면 어른으로 인정받았고
품삯도 올려 받을 수 있었어요.

평민 여자는 **댕기 매기**라는 성인식을 했어요.
댕기 매기란 어머니가 딸의 머리에 붉은 댕기를 매 주는 거예요.
어머니는 이때부터 딸에게 요리나 길쌈* 등의
살림살이를 본격적으로 가르쳤어요.
어른으로서의 몸가짐과 마음가짐,
그리고 솜씨까지 제대로 익히도록 한 거지요.

＊ **길쌈**: 실을 내어 옷감을 짜는 일.

혼례

남녀가 부부가 되는 맹세를 하고
약속하는 의식으로 결혼식을 뜻해요.

나무 기러기
부부가 한평생을 사이좋고
즐겁게 지내라는 의미예요.

혼서지
혼인을 허락해 준 것에 대한
감사의 의미를 담아 신랑집에서
신붓집으로 보내는 편지예요.

혼례는 남자와 여자가 만나 가정을 이루는 중요한 의례예요.
우리 조상들은 예절을 갖춰 신중하게 혼례를 진행했어요.
좋은 날을 선택해서 혼례 날을 정하고
신랑집에서 신붓집으로 선물을 보내는 것으로
혼례가 시작됐지요.
신랑집에서 신붓집으로 보내는 선물을
납폐라고 하는데,
납폐는 함에 담아 함진아비가 지고 갔어요.

손거울
앞날을 환하게
밝히라는 의미예요.

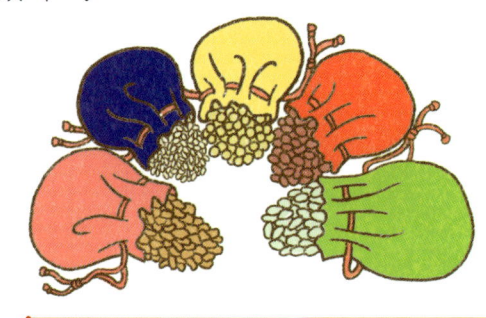

오곡 주머니
(향나무, 찹쌀, 노란 콩, 팥, 목화씨)
앞으로 좋은 일이 생기고, 부부가 한평생
함께하고, 신부는 고운 마음을 지니고,
나쁜 일은 피해 가고, 자손은 많이 얻으라는
의미예요.

노리개
대를 이어 물려주며,
재산이 많고 지위가 높으며
아들이 많기를 바라는
의미예요.

청홍 비단의 '채단'
신랑과 신부가 조화를 이뤄
하나가 되라는 의미예요.

함을 받는 날이면
청사초롱으로 불을 밝힌 함진아비 일행이
신붓집 앞에서 목청껏 소리쳤어요.
"함 사세요! 함을 사!"
그러면 신부의 가족과 이웃들이 나와 함을 받으며
풍성한 음식으로 일행을 대접했지요.

혼례 날이 되면 신랑은 신붓집으로 갔어요.
혼례식은 신붓집에서 치러졌거든요.
연지 곤지를 찍고 족두리를 곱게 쓴 신부와
사모관대를 멋지게 차려입은 신랑은
초례상 앞에서 절을 주고받으며 식을 올렸어요.
이 과정을 **교배례**라고 하지요.

교배례가 끝나면 신랑과 신부는
청사초롱 불빛을 받으며 방으로 들어갔어요.
친척과 이웃들은 늦도록 잔치를 즐겼는데,
짓궂은 사람들은 방문 창호지에 구멍을 내어
방 안을 훔쳐보기도 했어요.

혼례식을 마친 신랑과 신부는
사흘 동안 신붓집에 머물렀어요.

사흘이 지나면 신랑은 말을,
신부는 가마를 타고 신랑집으로 갔지요.

신랑집에 도착한 신부는 시부모님께 첫인사를 드렸어요.
이것을 **폐백**이라고 해요.
신부가 절을 올리면 시아버지와 시어머니는
밤과 대추를 신부의 치마폭에 던져 주며
자식 많이 낳고 행복하게 살라고 복을 빌어 주었어요.
신랑과 신부는 친척과 조상에게도 인사를 드리며
부부가 된 사실을 모두에게 알렸지요.

상례

죽은 사람을 조상신으로 모시기 위한 의례로
오늘날에는 장례라는 표현이 널리 쓰이고 있어요.

상례는 죽은 사람을 저승으로 떠나보낼 때의 의례예요.
옛 조상들은 죽음을 새로운 삶의 시작이라고 여겼어요.
그래서 죽은 사람을 떠나보내는 예의를 중요하게 생각했지요.

부모님이 돌아가시면 자식들은
거친 삼베로 만든 상복을 입고
문상객을 맞았어요.
삼베옷 위엔 짚으로 만든 새끼줄을 둘렀는데,
여기에는 특별한 의미가 있었지요.
몸을 묶어서 '부모를 잃은 죄인'이란 걸
표현했던 거예요.

돌아가신 분을 모신 관은 상여*에 실어 묘지까지 운반했어요.
이 과정을 **운구**라고 해요.

＊**상여**: 죽은 사람을 실어서 묘지까지 나르는 도구.

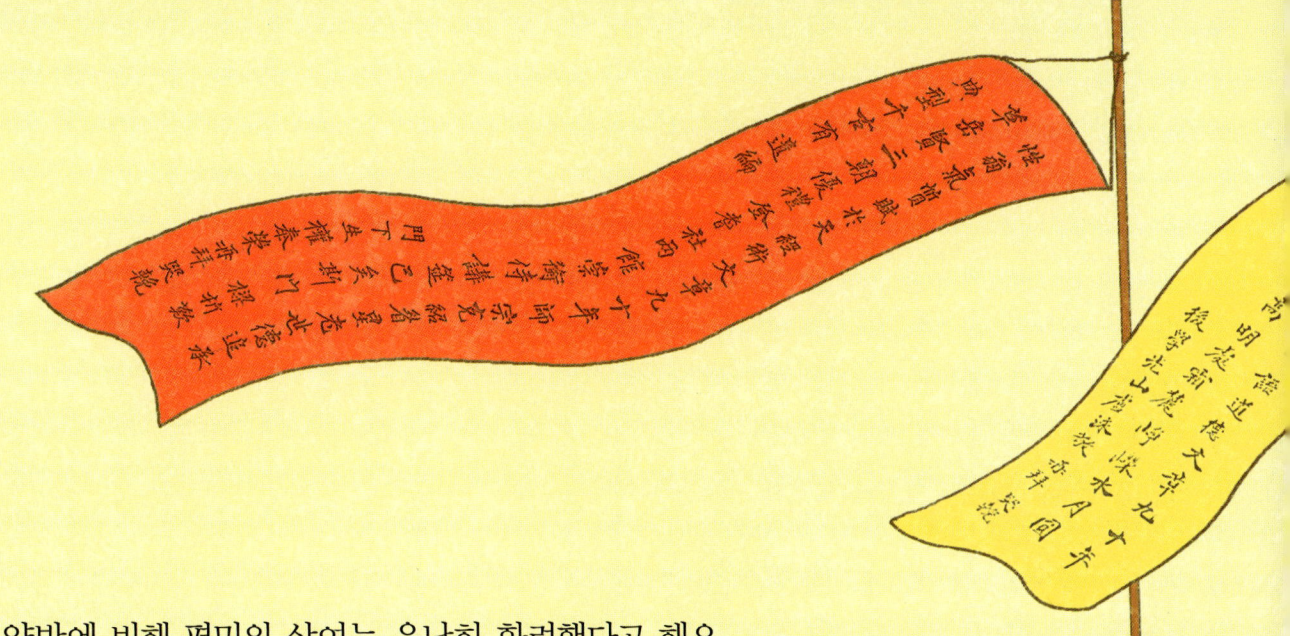

양반에 비해 평민의 상여는 유난히 화려했다고 해요.
종이꽃으로 장식한 꽃상여였거든요.
당시 평민들은 평생 귀한 대접을 받지 못했어요.
그래서 저승 가는 길에라도 대접을 받으라는 의미로
화려한 꽃상여에 태웠던 거지요.

묘지까지 가는 운구 시간은 상당히 길었어요.
그 시간 동안 상여꾼들은 상여소리를 내며 갔지요.
상여소리는 죽은 사람의 명복을 빌며 위로하는 노래예요.

묘지에 도착하면
미리 파둔 구덩이에 관을 묻고 무덤을 만들었어요.
그리고 무덤 앞에서
돌아가신 분의 명복을 비는 제사를 지냈지요.
이것을 **위령제**라고 해요.

위령제를 지냈다고 해서 상례가 끝난 건 아니에요.
옛날에는 자식이 부모님의 무덤 옆에서
시묘살이를 했거든요.
시묘살이는 무덤 옆에 움막을 짓고
3년 동안 무덤을 돌보는 거예요.
상례를 마치고 상복을 벗는 걸 **탈상**이라고 하는데,
이렇게 시묘살이를 마치면 모든 상례가 끝나고
상복을 벗고 탈상을 해요.

제례

조상을 추모하고 조상에 대한 효를
잘 실천하고자 하는 마음의 표시예요.

제례는 제사를 지낼 때의 의례예요.
옛날 사람들은 조상을 잘 모셔야
자손이 잘 된다고 믿으며
제사를 정성껏 지냈어요.

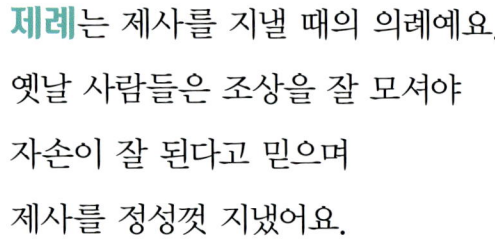
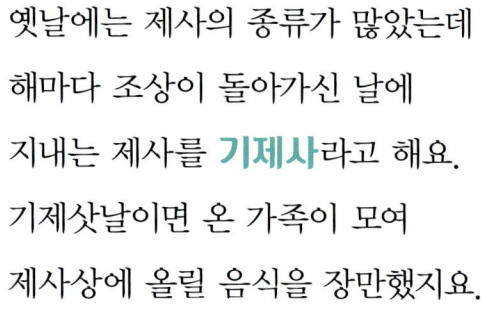

옛날에는 제사의 종류가 많았는데
해마다 조상이 돌아가신 날에
지내는 제사를 **기제사**라고 해요.
기제삿날이면 온 가족이 모여
제사상에 올릴 음식을 장만했지요.

음식이 장만되면 제사상을 차렸어요.
제사상을 차리는 방법은 지역이나 집안마다 다른데
홍동백서, **조율이시**를 따르기도 해요.
홍동백서는 붉은색 과일은 동쪽에,
흰색 과일은 서쪽에 놓는 걸 뜻해요.
조율이시는 왼쪽부터 대추·밤·배·감의 차례로 놓는 걸 뜻해요.

모사기
모래를 담아 두는 그릇으로 조상의 무덤을 의미해요.

향
향의 연기가 하늘에 닿아 조상의 넋을 부른다는 의미예요.

제사상이 차려지고 첫새벽이 되면 제사를 시작해요.
제사를 지낼 때 가장 먼저 하는 일은
향을 피워 조상의 넋을 불러오는 거예요.
향이 피워지면 술잔을 올리고 절을 하며
축문을 읽는 등의 과정이 순서대로 진행되지요.
제사를 지내는 내내
후손들은 마음으로 빌었어요.
'조상님, 온 집안이 평안하도록 잘 돌봐 주세요.'

그리고 제사가 끝나면 온 가족이 둘러앉아
정겹게 음식을 나누어 먹었지요.
제사는 조상을 기리는 일이면서
동시에 집안의 화목을 다지는 일이었던 거예요.

우리의 전통 의례
관혼상제

관혼상제는 무엇일까요?

사람이 태어나서 죽을 때까지를 '일생' 또는 '평생'이라고 해요. 이 시간 동안 사람은 자신이 속한 사회와 환경에 따라 다양한 일을 겪으며 살아가지요.

하지만 사람이라면 누구나 공통으로 겪는 일이 있어요. 태어나고, 자라서 성인이 되고, 결혼을 하고, 언젠가는 죽어서 세상과 이별을 하게 되지요.

옛 조상들은 이런 일이 있을 때마다 예절과 격식을 갖춰 그에 맞는 의식을 지냈어요. 이때 치르는 의식을 통틀어 '통과 의례'라고 하지요. 일생의 중요한 관문을 통과할 때 행해지는 의식이란 의미예요.

우리 조상들은 통과 의례 중에서도 특히 네 가지를 중요하게 생각했어요. 어른이 되어 성인식을 하는 것, 혼례를 치러 가정을 꾸리는 것, 그리고 죽음에 이르는 것과 조상의 제사를 지내는 것이지요. 이것을 바로 '관혼상제(冠婚喪祭)'라고 해요.

- 관례(冠禮)는 전통 사회에서 치르던 남자들의 성인식으로 상투를 틀고 갓을 써 어른이 됨을 알렸어요. 여자들의 성인식은 계례(筓禮)라고 하는데 머리를 올려 비녀를 꽂는 의식을 치뤘어요.
- 혼례(婚禮)는 남자와 여자가 만나 혼인을 하는 의례로 그 과정이 복잡하고 길었어요.
- 상례(喪禮)는 죽은 사람을 떠나보내는 의례예요.
- 제례(祭禮)는 돌아가신 조상을 기리는 의례로 엄숙하고 경건하게 치러졌지요.

관혼상제는 언제 생겨난 걸까요?

'관혼상제'라는 말은 중국의 옛 예법 책인 《예기》에서 처음 사용되었어요. 그 후 만들어진 여러 예법 책에서 '관혼상제'라는 말이 자주 쓰였는데, 이것으로 보아 형식은 달랐어도 관혼상제는 이미 예전부터 치러진 의식이란 걸 알 수 있지요.

우리나라에서도 중국의 영향으로 삼국 시대부터 이미 혼례와 상례 등의 의례가 행해졌다는 기록이 전해지고 있어요. 그러다가 조선 시대가 되면서 관혼상제는 중요한 의례로 자리를 잡게 되었지요.

유교가 중심이었던 조선 시대에는 나라의 모든 행사를 유교의 예법에 따라 치렀어요. 백성들의 집안 행사도 유교의 예법에 따라 치르게 했지요. 그 때문에 관혼상제는 조선 시대의 가장 중요한 가정의례로 자리 잡게 되었어요.

관혼상제, 지금은 어떻게 변했을까요?

관혼상제는 우리 조상들이 중요하게 여겨 온 가정의례예요. 그래서 우리의 소중한 전통문화로 오늘날까지 전해지고 있지요. 하지만 현대 사회로 오면서 의례들은 시대에 맞게 고쳐지며 간소화되었어요.

- 어른이 되는 것을 알리던 관례는 거의 사라졌어요. 대신 '성년의 날'이 생겼는데, 5월 셋째 월요일로 만 19세가 되면 가족과 친구들이 선물을 주며 축하해 주지요.
- 혼례는 오늘날에도 중요한 의례로 여겨지고 있어요. 비록 전통 혼례보다는 서양식의 결혼식을 많이 하지만 '함 보내기', '폐백' 등의 전통은 여전히 이어지고 있지요.

- 상례는 많이 간소화되었어요. 옛날에는 시묘살이까지를 상례로 봤기 때문에 탈상까지 3년이 걸리기도 했어요. 하지만 지금은 보통 3일 만에 탈상을 하지요.
- 제례도 예전보다 많이 간소화되었어요. 가족간의 종교적인 차이로 제사를 지내지 않는 집도 늘고 있지요.

이렇게 관혼상제라는 의례는 간소화되고 있지만 여기에 담긴 뜻과 마음만은 지금도 소중하게 전해지고 있답니다.

생각이 바뀌면 의례도 달라져요!

관혼상제 외에도 전통적으로 치르는 가정의례는 다양해요. 60살이 되면 '환갑'이라 하여 잔치를 열고, 부부가 오래도록 해로하면 '회혼례'라는 잔치도 하지요. 또 아기가 태어난 뒤 '백일'이 되면 백일상을 차려 주고, 첫돌엔 '돌잔치'도 해요.

그런데 우리 조상들은 왜 여러 가정의례 중 관혼상제의 네 가지 의례를 중요하게 여긴 걸까요? 특히 백일이나 돌잔치 등, 아이에 관한 의례는 왜 관혼상제에 넣지 않았을까요?

옛날에는 사람이 태어나도 성인이 되기 전까지는 완전한 사회 구성원으로 인정하지 않는 문화가 있었어요. 그래서 아이는 의례의 중심에 두지 않았던 거지요.

하지만 사회가 변하고 생각이 바뀌면서 이런 생각은 바뀌었어요. 뱃속에서부터 한 생명으로 소중하게 여겨야 한다는 문화가 널리 퍼지게 되었거든요. 그 때문에 지금은 제례보다는 출생, 백일과 돌잔치 등의 의례를 중요하게 생각하는 문화가 퍼지고 있지요.

〈참고 자료〉
· 국립중앙박물관, https://www.museum.go.kr
· 지역N문화, https://www.nculture.org
· 한국민속대백과사전, https://folkency.nfm.go.kr
· 한국민족문화대백과사전, https://encykorea.aks.ac.kr